Pensamiento Positivo

Una Guía Al Crecimiento Personal Y A Pensar Positivamente

(La Mejor y Más Completa Guía para una Vida Más ... Llena de Amor y de Éxitos)

Pace Lemus

Publicado Por Daniel Heath

© **Pace Lemus**

Todos los derechos reservados

Pensamiento Positivo: Una Guía Al Crecimiento Personal Y A Pensar Positivamente (La Mejor y Más Completa Guía para una Vida Más ... Llena de Amor y de Éxitos)

ISBN 978-1-989808-63-4

Este documento está orientado a proporcionar información exacta y confiable con respecto al tema y asunto que trata. La publicación se vende con la idea de que el editor no esté obligado a prestar contabilidad, permitida oficialmente, u otros servicios cualificados. Si se necesita asesoramiento, legal o profesional, debería solicitar a una persona con experiencia en la profesión.

Desde una Declaración de Principios aceptada y aprobada tanto por un comité de la American Bar Association (el Colegio de Abogados de Estados Unidos) como por un comité de editores y asociaciones.

No se permite la reproducción, duplicado o transmisión de cualquier parte de este documento en cualquier medio electrónico o formato impreso. Se prohíbe de forma estricta la grabación de esta publicación así como tampoco se permite cualquier almacenamiento de este documento sin permiso escrito del editor. Todos los derechos reservados.

Se establece que la información que contiene este documento es veraz y coherente, ya que cualquier responsabilidad, en términos de falta de atención o de otro tipo, por el uso o abuso de cualquier política, proceso o dirección contenida en este documento será responsabilidad exclusiva y absoluta del lector receptor. Bajo ninguna circunstancia se hará responsable o culpable de forma legal al editor por cualquier reparación, daños o pérdida monetaria debido a la información aquí contenida, ya sea de forma directa o indirectamente.

Los respectivos autores son propietarios de todos los derechos de autor que no están en posesión del editor.

La información aquí contenida se ofrece únicamente con fines informativos y, como tal, es universal. La presentación de la información se realiza sin contrato ni ningún tipo de garantía.

Las marcas registradas utilizadas son sin ningún tipo de consentimiento y la publicación de la marca registrada es sin el permiso o respaldo del propietario de esta. Todas las marcas registradas y demás marcas incluidas en este libro son solo para fines de aclaración y son propiedad de los mismos propietarios, no están afiliadas a este documento.

TABLA DE CONTENIDO

Parte 1 1

El Daño De Los Pensamientos Negativos Y El Diálogo Interior
.... 3

DETENER EL DIÁLOGO INTERIOR PARA REDUCIR EL ESTRÉS 6

Entender El Pensamiento Positivo Y El Diálogo Interior 7

Beneficios Reales Del Pensamiento Positivo En La Salud 9

Convertirte En Tu Propia Motivación E Inspiración 11

Perdonar Es El Principio Para Recomenzar 13

PERDONANDO A NUESTROS PADRES 18
NO PONER EXCUSAS 22
CREAR TU PROPIA FELICIDAD 26

Parte 2 29

Introducción 30

Capítulo 1 - ¿Qué Es El Pensamiento Positivo? 31

Capítulo 2 - ¿Por Qué El Pensamiento Positivo Es
Importante? 34

Capítulo 3 –Beneficios De Pensar Positivamente 37

Capítulo 4 –Como El Pensamiento Positivo Afecta Tu Vida 40

Capítulo 5 –Comparando Pensamientos Positivos Y
Negativos 43

Capítulo 6 –Pasando De Los Pensamientos Negativos A Los
Positivos 47

Capítulo 7 –Ser Positivo Incluso Al Estar Rodeado De
Compañeros Negativos 50

Capítulo 8 – Entrenando La Mente Para Siempre Tener
Pensamientos Positivos 53

Capítulo 9 –Como Traer El Pensamiento Positivo A La Oficina 58

Capítulo 10 –El Pensamiento Positivo Te Da Tus Deseos.... 63

Capítulo 11 –El Pensamiento Positivo Puede Hacerte Rico 67

Capítulo 12 –Ejercicios Mentales Para Pensar Positivo 72

Capítulo 13 – Actividades Y Juegos Para El Pensamiento Positivo 75

Conclusión 78

Parte 1

De qué trata este libro

Mis queridos lectores, no voy a sentarme aquí y decirles que sé por lo que están pasando, tampoco voy a decirles que tengo la solución perfecta para los desafíos que están enfrentando en su vida. Lo que estoy tratando de hacer con este libro es simplemente compartir algunas experiencias lidiando con mis propios problemas y cómo mejoró mi vida usando algunos de los métodos que compartiré con ustedes aquí. Pueden no tener el mismo efecto en ustedes, pueden incluso no funcionar en absoluto. Pero gracias a estos métodos logré empoderarme y espero que les puedan brindar los mismos beneficios a ustedes, porque todos somos seres humanos y, al final del día, somos los únicos con quién podemos contar. Nadie más, ni nuestros padres, o nuestros amigos, y ciertamente tampoco nuestros gobiernos, pueden ofrecer el mismo nivel de apoyo y seguridad que podemos crear para nosotros mismos.

Espero que luego de leer este libro, hayas juntado suficiente fuerza y creas que tienes una chance al pelear tus batallas, las que sea que fueren.

Ayuda a otros como tú dejando una reseña, así puedo continuar mejorando este libro. Aprecio gratamente tu ayuda.

El daño de los pensamientos negativos y el diálogo interior

Antes de hablar acerca de cuán beneficioso es el pensamiento positivo, quiero hacer hincapié en cuán dañinos son los pensamientos negativos y el diálogo interior. La mayoría de la gente no nota cuando el diálogo interior negativo comienza a influenciar sus acciones, hasta que es demasiado tarde.

La mayoría de nosotros enfrenta desafíos en algún punto de su vida. Es simplemente inevitable. La vida misma es un proceso de enfrentar desafíos y superarlos, una y otra vez. Es en este proceso que crecemos y progresamos. De todos modos, es natural tratar de evitar los desafíos difíciles, especialmente los cuales en los que no tenemos experiencia.hay muchas razones para este comportamiento, una de las más comunes es el miedo al fracaso.

Esta reacción común a evitar desafíos y tomar el camino más sencillo está en nuestra naturaleza, pero podemos superar este comportamiento defectuoso con práctica y hábitos. Para superarlo, primero precisamos entenderlo.

Existen muchas situaciones diferentes en las cuales sentimos que escapamos de desafíos. Las puse en tres categorías, clasificadas de la más difícil a la más sencilla de superar.

1) desafíos en los que ya hemos fallado

2) nuevos desafíos en los que no tenemos experiencia

3) desafíos que hemos superado anteriormente

Los pensamientos negativos pueden tomar muchas formas. Una de las formas comunes es reviviendo en tu mente la experiencia fallida que has tenido en la misma situación. Recuerdas cómo has fallado, cómo la gente puede haber reído de ti, y todas las consecuencias negativas que la situación trajo. Todos estos son nuestros mecanismos de defensa naturales. Éstos se asegurarán de que nos mantengamos alejados de esos desafíos que pueden potencialmente "lastimarnos".Nuestro trabajo es luchar con ese instinto natural y encontrarnos de frente a los desafíos y, con suerte, superarlos.

"¿Por qué no confiamos en nuestro instinto básico y simplemente huímos y nos escondemos?" te preguntarás. La razón es la misma a por qué llevamos nuestro cuerpo al límite al entrenar, incluso cuando nos duele, sabiendo que luego de recuperarnos el mismo mejora y se vuelve más fuerte. Nuevamente, lo que no nos mata nos fortalece. La única manera de crecer es a través de repetir el proceso de enfrentar desafíos, superarlos, convirtiéndonos en personas mejores y más fuertes, y luego enfrentar desafíos más grandes y superarlos. Si lo haces suficientes veces te volverás adicto al proceso, porque la vida se torna aburrida y opaca sin nuevos desafíos.

Imagina los pensamientos negativos y dudas que tienes en tu mente como si fueran tus piernas doloridas, y la única forma de sentirte mejor es ignorarlas y continuar hacia adelante.

Detener el diálogo interior para reducir el estrés

Estudios muestran que el pensamiento positivo y su refuerzo ayudan a manejar el estrés. Pueden mejorar la salud física y mental. En algunos casos practicar superar el diálogo interior negativo incluso muestra resultados en la reducción de ansiedad y depresión.

Hay dos tipos de personas. Algunos son positivos y otros negativos. ¿Está tu copa mitad vacía o mitad llena? La respuesta a esta pregunta muestra tus valores, tus actitudes para contigo mismo y para con el mundo que te rodea.En algunos casos extremos la respuesta, que determina si eres optimista o pesimista, puede incluso afectar tu salud, tanto física como mental.

El optimismo y pesimismo son apenas características de la personalidad. Todos somos diferentes. Algunos somos más optimistas y otros más pesimistas, ¿cuál es el problema?Resulta que estas características pueden afectar nuestra salud y bienestar en muchas áreas.La mentalidad positiva y el optimismo pueden ayudarnos a reducir nuestro nivel de estrés. Y cuán bien manejamos nuestro estrés es algo crucial. Hay muchos beneficios asociados al bajo nivel de estrés. No te preocupes si eres un pesimista. Hay muchas formas de aprender y practicar la positividad.

Entender el pensamiento positivo y el

diálogo interior

Existe un malentendido común con respecto al pensamiento positivo. Este no significa que las cosas dejen de importarte o que ignores las situaciones menos placenteras. Te seguirá importando mientras intentas alcanzar tus máximos logros, pero afrontarás las situaciones desagradables de una manera positiva y proactiva. Repítete a ti mismo que lo mejor está por suceder, y no lo peor.

El pensamiento positivo suele comenzar con el diálogo interior. El diálogo interior es la interminable transmisión de los pensamientos que no has dicho, corriendo por tu cabeza. Estos pensamientos automáticos pueden ser positivos o negativos. Parte de tu diálogo interior proviene de la lógica y la razón. Otro diálogo interior puede surgir de confusiones generadas por falta de información.

Si los pensamientos que corren por tu

mente son en su mayoría negativos, es más probable que tu visión de la vida sea pesimista. Si tus pensamientos son mayormente positivos, probablemente seas un optimista — alguien que practica el pensamiento positivo.

Beneficios reales del pensamiento positivo en la salud

Los investigadores siguen intentando confirmar los efectos del pensamiento positivo y el optimismo en la salud. Algunos ya están probados.
* Aumenta el período de vida
* Baja los niveles de depresión
* Baja los niveles de angustia
* Mejora la resistencia a resfríos
* Mejora el bienestar psicológico y físico
* Mejora la salud cardiovascular y reduce el riesgo de enfermedades cardiovasculares
* Mejora las herramientas para superar dificultades y momentos de estrés

La relación causal entre estos beneficios y

la práctica del pensamiento positivo no es clara. Una teoría implica que la visión positiva permite a tus habilidades de superación manejar de mejor manera situaciones estresantes, lo cual reduce los efectos negativos del estrés en tu cuerpo

Ahora que cubrimos los beneficios de ser positivo, ¿qué podemoshacer para ser más positivos?

Suele ser confuso entender qué constituye ser positivo. A veces incluso se asocia con ser ingenuo o poco realista. Otro sentido que la gente le atribuye al pensamiento positivo es simplemente ser feliz. Ser positivo incluye lo anteriormente dicho. Cualquier sentimiento de felicidad, alegría o satisfacción puede ser considerado positivo.

Entonces, desarrollar esta "herramienta" de ser positivo es simple. Cualquier cosa que desprenda sentimientos de felicidad, alegría, satisfacción y amor, hará el truco. Cualquiera tiene algunas maneras de generar estos sentimientos, casi siempre a través de actividades en los que cada uno es bueno. Quizás tocando la guitarra, pasando el tiempo con cierta persona, quizás pintando.

Es por eso que hacer lo que amas y amar lo que haces es tan importante. Todo el tiempo y esfuerzo que inviertes en esta actividad y herramienta es extremadamente importante para después, porque es una fuente infinita de positividad para utilizar.

Convertirte en tu propia motivación e inspiración

El beneficio de ser local está probado en los deportes. El juego es considerado justamente arbitrado, las porristas y la audiencia no interfieren físicamente en el juego. ¿Por qué entonces los equipos prefieren jugar en su propia cancha?

Confianza.

Es la propia profecía que se cumple. Primero debes creer que vas a ganar. En la vida tenemos el apoyo de nuestra familia, amigos, y la sociedad que cree en nuestro éxito en la mayoría de las situaciones. Se ha vuelto una cortesía alentar y halagar al otro, especialmente a quien conocemos. Pero durante competencias, suele suceder que el oponente tenga más apoyo. Puede que incluso nos abucheen alguna vez.

Es fácil decir que ignoremos dichos factores y nos concentremos en nuestro propio juego. Pero en realidad, es bastante difícil de hacer de forma consistente. Inculca duda en nuestras mentes y nos hace cuestionar nuestras propias habilidades.

Permítete ser el mayor respaldo que tengas y deja que tu propia voz te aliente. Es así de simple!

¿Recuerdas esa pequeña voz que siempre

tienes en tu mente, diciéndote toda clase de cosas? Esa voz puede convertirse en la porrista más ruidosa de tu equipo, puede convertirse en la voz más entusiasta de todo el estadio. Sólo tienes que entrenar a esa voz para que diga lo que necesitas escuchar.

Comienza por algo simple, como "vas bien, mantén lo que estás haciendo" y "tu puedes hacerlo, ya casi llegas". Para algo más específico quizás "tu defensa es genial, sigue defendiendo así" y "tu triple no está funcionando tan bien hoy, intenta algo distinto mientras entras en calor". (No te preocupes por el básquet.)La idea es tener un entrenador o asesor en tu mente que pueda ofrecerte apoyo cuando sea que lo necesites y en la forma en que lo necesites.

Perdonar es el principio para recomenzar

Ya sea una esposa infiel, un padre irresponsable o un mal amigo, todos debemos lidiar con el efecto posterior y decidir si queremos perdonar a esa persona o mantener un resentimiento por el resto de nuestras vidas.

Luego de que alguien en quien confiabas te falle, y que la inmediata emoción de enojo, traición y desilusión haya pasado, tienes dos opciones. Una es perdonar a dicha persona y continuar con tu vida, la otra es no volver a confiar en ella.

Piensa en los siguientes dos escenarios y piensa si los has experimentado en el pasado. Estabas trabajando diligentemente para lograr un objetivo, haciendo todo lo que estaba a tu alcance, y justo cuando estabas por lograrlo, alguien con quien contabas te falla, no a propósito, pero de todos modos te falla. ¿Qué pasaría por tu mente? Apuesto que no lo dejarías ir fácilmente. Quizás no dirías nada dañino a esa persona pero mantendrías cierto resentimiento. Lo responsabilizas por tu fracaso. Como resultado, ya no estás tan motivado de cumplir tu objetivo al segundo intento porque ha fallado la primera vez cuando intentaste vencer ciertos factores sobre los que ahora no crees tener control.

¿Y si te has fallado a ti mismo? En el segundo escenario eres la única razón por la que has fallado. A diferencia del primer escenario, apuesto a que luego intentarás con más esfuerzo que la primera vez porque sabes que estuviste muy cerca, y si lo intentas con más esfuerzo es muy probable que lo logres.

Para poder perdonar, primero debemos saber qué significa. Perdonar es ante todo aceptar la realidad de lo que ha sucedido y encontrar una manera de vivir con ello. Perdonar puede ser un proceso largo pero eventualmente no es algo que haces por otra persona, es algo que haces para ti mismo. Un común malentendido que la gente tiene es creer que perdonar tiene como único benefactor al que es perdonado. Eso no podría estar más alejado de la verdad. La gente que perdona es quien recibe más beneficios, y por eso es tan importante tener la habilidad de perdonar a otros.

Hay una fina distinción entre perdonar a alguien y confiar en esa persona. Déjame explicar este tema crucial. Cuando está probado que tu amigo no es capaz de guardar un secreto y esto causa daño, deberías perdonarlo, implicando que no lo culpas por la situación y que pueden mantener su amistad, pero no deberías confiarle secretos nuevamente, no porque aún estés enojado con el por filtrar el anterior, simplemente por su falta de habilidad en mantener secretos. Perdonar es el primer paso para realizar esta decisión racional.

Otro error común es que perdonar implica que tú también has hecho algo malo. Probablemente por eso a algunas personas les cuesta mucho perdonar a otras, porque no quieren admitir que también se han equivocado. Este no es el caso en absoluto. El hecho de perdonar puede hacerse sin culpa ni responsabilidades.

No somos abogados intentando negociar ante un gran jurado que decidirá quién tuvo más responsabilidad sobre el intento fallido. Nuestro objetivo es conseguir el éxito. Para mí, perdonar implica aceptar la realidad y continuar en un trazo limpio. ¿Por qué no podemos cambiar nuestro modo de pensar, tomar la responsabilidad y continuar?

Sé que es más difícil hacerlo que decirlo. Pero podemos practicar y entrenarnos desde algo pequeño. Con el tiempo obtendremos el hábito de responsabilizarnos.

Estar resentidos con alguien puede ser un signo de estar evadiendo nuestras responsabilidades. Recuerda que es muy difícil mantener la culpa sobre otro por un largo período de tiempo. Para mantener esa culpa, debes constantemente decirte a ti mismo lo que esa persona hizo y que eso fue lo que generó el daño. Claro que puede ser una conclusión racional que refleje la realidad. Pero no es la historia completa, ya que estás ignorando tu parte. ¿Hay algo que podrías haber hecho para cambiar la situación, sin importar de quién era la responsabilidad? Claro que lo había. Siempre lo hay. Culpar a otros por el mal resultado dificulta mucho el perdonar.

Recuerda que eres totalmente responsable de tu vida. Este es el principio fundamental que debes alojar si planeas ser feliz y exitoso en tu vida y trabajo. Si fallas en tomar responsablemente tu dirección y sus resultados, estás preparando en escenario para tener una vida miserable — una vida que no cumple con tus sueños y aspiraciones.

El próximo capítulo explicará en detalle cómo puedes tomar responsabilidad y asumir control sobre tu vida.

Perdonando a nuestros padres

La excusa más común que la gente encuentra en sus fracasos es sus padres. Hemos hablado acerca de cuán importante es tomar responsabilidad en vez de encontrar excusas. ¿Pero cómo podríamos haber hecho algo mejor cuando todavía éramos niños? Cómo se puede tomar responsabilidad por cosas que sucedieron en nuestra infancia y que aún tienen efecto hoy.Obviamente nuestros padres tienen la culpa por estas cosas, y estaré resentido por eso para siempre!Claro que este es un pensamiento extremo pero no obstante una versión menos extrema de este estilo es muy común en nuestro diálogo interior. Es algo muy racional, por lo tanto muy difícil de romper. De hecho tiene tanto sentido que mucha gente no perdona a sus padres hasta que es demasiado tarde. Si eres una de esas personas, espero que este capítulo pueda modificar algunos de tus pensamientos negativos, aunque sea un poquito, hacia la dirección correcta. Porque perdonar a nuestros padres es una tarea central en nuestra adultez, y una de las formas más cruciales del perdón. Dejárselo pasar a nuestros padres es el primer paso hacia la felicidad, la auto-aceptación y la madurez. Déjame mostrarte algunos métodos para ayudar a que comience la sanación.

1. Resuelve el resentimiento

Cultivar el resentimiento hacia los padres hace más que mantenerlos alejados. Nos deja atrapados en el niño eterno, la víctima, el necesitado de amor. Aunque parezca raro, el rencor es una forma de aferrarse, un modo de no separarse, y cuando guardamos rencor contra un padre, estamos aferrándonos no sólo a dicho padre, sino específicamente a su parte negativa. Es como si no quisiésemos vivir nuestras vidas hasta haber resuelto esto y sentir la seguridad de su amor incondicional. Lo hacemos por buenas razones psicológicas, pero el resultado es exactamente opuesto. Quedamos atascados con lo malo y no podemos crecer.

2. Acoge la verdadera separación

Perdonar no es consentir las cosas malas que han hecho nuestros padres. No implica negar su egoísmo, sus rechazos, su crueldad, su brutalidad, o cualquier fechoría, cambios de carácter o limitaciones que puedan tener. Es importante separarnos de nuestros padres — lo cual implica dejar de vernos como niños cuyo bienestar emocional depende de ellos, dejar de ser sus víctimas, reconocer que somos adultos con la capacidad de moldear nuestra propia vida y que es nuestra responsabilidad hacerlo.

3. Comprométete al viaje

Llegar a un lugar de perdón, encontrar el perdón dentro nuestro, es un viaje largo y complejo. Debemos estar preparados para perdonar. Tenemos que querer perdonar. Mientras más profunda es la herida, más difícil será el proceso, lo cual hace que perdonar a nuestros padres sea especialmente difícil. En el camino puede que tengamos que expresar nuestra protesta, enojarnos y resentirnos, incluso quizás castiguemos a nuestros padres por mantener dicho rencor. Pero una vez que lleguemos allí, al lograr perdonarlos habrá valido la pena.

No poner excusas

Excusas por fracasar, excusas sobre nuestras decisiones de vida, excusas sobre lo que has logrado, y lo que no, alimentan el pensamiento disfuncional y en consecuencia, acciones y comportamientos no deseados. Porque las excusas siempre son factores externos que están fuera de tu control. Por definición crees que esos factores fuera de tu control son la causa de eventuales fracasos. Ese mismo pensamiento envenena la posibilidad de tener éxito. Porque te hace creer que el éxito es imposible. Mientras más excusas pongas, más firme estarás sobre lo inevitable que es fracasar.

Crear excusas en vez de tomar el cien por cien de la responsabilidad por tus acciones, tus pensamientos, y tus objetivos es el sello distintivo de las personas que fracasan tanto en su vida profesional como laboral. A veces la gente crea excusas incluso antes de comenzar. La actitud es obvia. Fracasar es inevitable así que mejor comienzo a crear excusas pronto. Al menos así podré echarles la culpa cuando fracase. Esto suele suceder en ambientes laborales. Sin simplificar las políticas y relaciones laborales complejas, la filosofía de las no-excusas aplica tanto en cualquier entorno laboral como en cualquier otro lugar.

Algunas personas incluso pueden decir que si no encuentras una excusa serán culpadas por dicho fracaso. Seguro lo serán, y puede parecer un gran problema, a corto plazo. Pero si piensas a largo plazo, y tienes el éxito de tu carrera con tu bono anual, te darás cuenta que has ganado una invaluable experiencia durante la tarea, y al tomar responsabilidad por las fallas aumentarás las posibilidades de tener éxito la próxima vez, haciendo que toda tu carrera resulte exitosa en el largo plazo

Parte del poder de asumir responsabilidad por tus acciones es silenciar la voz negativa que no ayuda en tu cabeza.cuando pasas tu tiempo pensando en el éxito y las metas logradas, en vez de pensar en excusas, liberas un espacio emocional que antes ocupaba la negatividad. Es algo difícil de explicar, pero lo positivo le gana a lo negativo cada vez. Tomar responsabilidades es positivo y encontrar excusas es negativo. No me preguntes por qué, sólo lo son. Debes haberte sentido así también. Tomar responsabilidades es asociado con pensamientos como "quiero triunfar" y "he aprendido a evitar cometer los mismos errores". Mientras que inventar excusas es asociado con pensamientos como "la tarea no es posible y "no lo intentaré de nuevo debido a tal excusa". Es obvio cuál quieres elegir.

Esto es tan cierto que la voz negativa en tu mente pondrá interminables cintas de insatisfacción y practicará respuestas negativas y poco satisfactorias una y otra vez. La próxima vez que te encuentres creando una excusa, sea por la tardanza de un proyecto, o el trabajo que has elegido hacer, recuérdate gentilmente — sin excusas. Interrumpe la cinta incesante que suena en tu mente y deja de practicar dicha conversación llena de excusas. Pasa tu tiempo libre planeando tu próxima triunfante aventura.

Esto no significa que no debes evaluar tus opciones y tomar decisiones racionales. Porque a veces es imposible lograr lo imposible, ya que somos meros mortales. Pero siempre y cuando decidas hacer algo, toma total responsabilidad de la decisión, acción y resultados, y triunfarás. Porque el pensamiento positivo se convierte en un hábito útil. Las excusas alimentan el fracaso.

Crear tu propia felicidad

No siempre notamos que el cuerpo humano es una máquina bien construida, incluso la mente está trabajando al servicio de ciertas reglas como un reloj. A veces conocer cómo funcionan tu cuerpo y mente y aprovechar esa información puede ser crucial en la vida.

Ser positivo no es solamente tener la actitud correcta frente a distintas circunstancias y tomar responsabilidades. Es igualmente importante tratarte a ti mismo de buena manera y premiar a tu cuerpo y mente en el camino, así están preparados para afrontar nuevos desafíos.

Existen algunos métodos probados para premiarte tanto mental como físicamente, son tan sencillos que realmente no existe razón para no hacerlos.

1. Ejercicio
Esta es la actividad más beneficiosa que puedes realizar mejorar tu bienestar físico

y psicológico. Esta controla tu peso, reduce el riesgo de enfermedades cardiovasculares, fortalece tus huesos y músculos, y mejora tu salud mental y tu ánimo. La gente se suele sentir relajada y menos estresada luego de ejercitar.

2. Meditación

Algunas investigaciones sugieren que la meditación puede ayudar a la gente a manejar síntomas de condiciones como ansiedad, asma, cáncer, dolores crónicos y depresión. Es rápido y es fácil. Todo lo que debes hacer es encontrar un lugar tranquilo y conveniente, y despejar tu cabeza por 10 minutos cada día. Los beneficios valen el tiempo que utilizas meditando.

3. Chocolate

Lo creas o no, el chocolate hace feliz a la gente. A veces es llamado la "droga del amor", porque genera sensaciones similares a las que ocurren cuando uno está enamorado. Un neurotransmisor, la serotonina, es un levantador de ánimo. Y un químico que causa la liberación de serotonina en el cerebro es el triptófano, que se encuentra en el chocolate.

Más allá de los tres métodos para levantar el ánimo, mencionados anteriormente, lo más importante es comprender que de tener un comportamiento positivo es crítico para lograr tus metas en la vida. Así que pon un poco de esfuerzo en hacerte feliz, en buenas y malas circunstancias.

Parte 2

Introducción

Quiero agradecerte y felicitarte por descargar el libro.
Este libro contiene pasos probados y estrategias sobre cómo tener pensamientos positivos y abstenerse de tener pensamientos negativos.

También te informará que es pensar positivamente y su importancia, beneficios y efectos, el cómo afecta tu vida, la diferencia entre pensamientos positivos y negativosy como convertir los pensamientos negativos en pensamientos positivos. Si tiene una visión positiva de la vida, tendrá muchos amigos, influenciará a las personas negativas para que se vuelvan más positivas como usted y adquirirá más oportunidades en la vida, como ascensos, riqueza y todolo que su corazón desee.

Gracias de nuevo por descargar este libro, ¡espero que lo disfrute!

Capítulo 1 - ¿Qué es el pensamiento positivo?

El acto de tener pensamientos buenos o afirmativos es lo que las personas llaman pensamientos positivos. Muchos individuos tienen pensamientos positivos para deshacerse de pensamientos negativos, deprimentes y poco saludables. Cuando piensas positivamente, utilizas la mente para anular el resultado dañino del pensamiento negativo.

La mente afecta al cuerpo, así que cuando tienes pensamientos positivos, no solo mantienes la mente saludable sino que el cuerpo también. Tú mejoras tu salud a través de esta técnica sin utilizar medicamentos que tengan efectos secundarios. Esta es actualmente la manera natural de estar saludable y feliz. Con esta técnica, usas creencias positivas para la salud en general. Pensar positivamente es una técnica que entrena la mente, por lo que necesita un gran esfuerzo para que se concentre en pensamientos optimistas y destruya sus puntos de vista negativos.

Si deseas tener una buena calidad de vida, debes utilizar el pensamiento positivo como una forma de estrategia para ganar autoestima y confianza en ti mismo. Cuando tienes una disposición positiva, te ayudará a alcanzar tus metas en la vida. Utiliza los pensamientos positivos para amarte y ser amable contigo mismo.

El pensamiento positivo incluye diferentes emociones. Estas son apreciación, creencia, satisfacción, afán, empoderamiento, entusiasmo, libertad, felicidad, esperanza, alegría, conocimiento, amor, optimismo y pasión. Esto enciende el ánimo, la felicidad y la inspiración.

El pensamiento positivo se ha utilizado para mejorarse uno mismo. Fue en el siglo XVII cuando el escritor John Milton afirmó que incluso si una persona está viviendo una vida que despierta envidia en otros, seguirá siendo infeliz si se concentra en los aspectos negativos de su vida. Así de poderosa puede ser la mente porque según Milton, puede hacer que algo bueno sea malo o algo malo algo bueno. Eventualmente, surgieron libros sobre la Ley de Atracción que motivaron a las personas a tener el control de sus vidas al tener pensamientos positivos y controlar su mente. En los últimos diez años, los medios de comunicación se han centrado en el pensamiento positivo como la forma de mejorar el "yo".

Muchas personas ahora se adhieren a la idea de que los buenos pensamientos producen cosas buenas. El pensamiento positivo se ha vuelto popular debido a la creencia de que puede mejorar la vida y proporcionar riqueza material y financiera, una buena familia, amigos, un gran trabajo y carrera, amor, belleza eterna y éxito. Debido a estas personas que controlan sus pensamientos, se cree que también pueden manipular su entorno.

Capítulo 2 - ¿Por qué el pensamiento positivo es importante?

Cuando sufres de paranoia o depresión, puedes ayudar a manejar esto a través del pensamiento positivo. Sin embargo, con o sin problemas de salud, aún puedes usar esta técnica para tener una vida feliz y mejores relaciones. Puedes deshacerte de los pensamientos negativos y reemplazarlos por pensamientos positivos y continuar teniendo buenos patrones de pensamiento. Solo recuerda estar siempre en contacto con la realidad. En este capítulo, sabrás por qué el pensamiento positivo es vital.

Nuevamente, nuestros pensamientos pueden afectar nuestra salud. Estudios demuestran que las personas con pensamientos positivos viven más tiempo, siempre son felices, no se enferman con frecuencia, rara vez se deprimen y son menos propensas a la muerte debido al estrés mínimo y la falta de enfermedades cardiovasculares.Cuando tu cuerpo percibe dificultades, se prepara produciendo hormonas del estrés.Tu cuerpo prevé dificultades cuando tiene pensamientos negativos en su mente, por lo tanto, descarga estas hormonas del estrés.

Los pensamientos positivos dan como resultado buenas emociones como la felicidad, la inspiración, el amor, la alegría y la satisfacción.Estos pensamientos llevan a la creatividad porque un cerebro que es positivo está más preparado para formular nuevas ideas.Las personas que tienen pensamientos positivos están más decididas y ansiosas por probar nuevos conceptos.

Al ser una persona positiva, las personas sentirán que es alguien agradable con quien pasar el rato. Te vuelves más inspirador, emocionante y estimulante.Tu actitud se vuelve contagiosa y los demás quieren imitar esto.Si el pensamiento positivo se vuelve habitual para ti y las personas que te rodean, ustedes estarán dispuestos a ayudarse unos a otros y resolver sus problemas juntos.Debido a esto, las personas siempre querrán estar con usted y usted establecerá buenas relaciones con ellas.

Ser optimista es necesario pero también debes estar en contacto con la realidad. Por ejemplo, sufres una lesión, y en lugar de ver a un médico, decides pensar positivamente y te dices que tu herida eventualmente se curará por sí sola.Debes ver las cosas con una luz positiva pero al mismo tiempo mirarlas objetivamente también.Como pensador positivo, no debes ignorar los problemas, pero debes ser optimista sobre la búsqueda de las soluciones adecuadas para tus problemas.

Capítulo 3 –Beneficios de pensar positivamente

La idea del pensamiento positivo ha cautivado a muchos maestros y filósofos, y ellos han impartido esto a sus seguidores y público.A lo largo de la historia, ellos han proporcionado pautas y beneficios de una perspectiva y actitud positivas hacia los problemas y circunstancias que la vida tiene para ofrecer.Los filósofos griegos antiguos y los científicos de hoy dicen que el pensamiento positivo es vital para lograr deseos, metas y objetivos.Casi todos ellos creen que ser positivo hará que una persona alcance la felicidad.

Se cree que si tienes continuamente pensamientos positivos, puedes descubrir la felicidad en las cosas más simples y realistas en comparación con aquellos que no piensan positivamente.Según Aristóteles, el padre de la filosofía, la felicidad depende de uno mismo. Debido a esto, él dice que hay muchos beneficios que esta actitud produce.

Cuando piensas positivamente, encontrarás satisfacción ya que esto está conectado con el pensamiento positivo. Pablo de Tarso afirmó que si no tuviera pensamientos positivos y fe en un Ser Supremo, no se sentiría como lo hizo en la mayoría de las circunstancias en las que se encontraba. Él predicó que la satisfacción brota desde dentro y que aprendió a estar satisfecho en cualquier situación.

Se dice que el pensamiento positivo fomenta la confianza, el valor y el éxito del escritor y "campeón del pensamiento positivo", Norman Vincent Peale. Esto es lo que expresó en los siguientes libros que escribió, a saber:

"Usted puede superar cualquier problema"
"Conviértete en lo que quieres ser"

Otro beneficio del pensamiento positivo es que fortalece la confianza y la fuerza interior de una persona.Un ejemplo de esto es la fe de un hombre en un Ser

Supremo, incluso si nunca realmente ha visto a Dios en persona.Si él tiene problemas, los enfrenta pensando que todo saldrá bien porque hay una fuerza mayor que lo ayudará a resolver estos problemas.Debido a esa creencia y fe, es capaz de manejar las dificultades y los desafíos de la vida.

El pensamiento positivo tiene un beneficio psicológico. Da un pensamiento claro y tranquilo incluso en circunstancias estresantes y muy difíciles. Aunque esto no resolverá los problemas inmediatamente, proporciona un bienestar emocional.

Capítulo 4 –Como el pensamiento positivo afecta tu vida

El pensamiento positivo afecta nuestras vidas en un método útil de la misma manera que el pensamiento negativo produce efectos dañinos en nuestra vida emocional y física. Este capítulo le informará sobre los efectos de una actitud positiva.

La depresión está vinculada a la obesidad, según estudios, y este es un tipo de pensamiento negativo. Si sabes cómo cambiar tus métodos de pensamiento negativo a positivos, verás un progreso en tus esfuerzos para perder peso.

Cuando piensas de manera positiva, tu cerebro libera químicos llamados endorfinas, estos elevarán tu estado de ánimo. Si te sientes negativo por un período prolongado, el cerebro producirá un desequilibrio en sustancias químicas como la dopamina, la norepinefrina y la serotonina. Debido a esto, tus pensamientos serán negativos.

Tener pensamientos positivos minimizará tu sensación de agotamiento y pereza. También te dará energía adicional debido a las endorfinas que te hacen sentir bien.
Si constantemente piensas positivo, podrás encontrar las soluciones adecuadas a problemas y situaciones. También podrás persuadir a las personas que te rodean para que también sean optimistas y felices. Las personas verán su mejor lado y es posible que quieran ser tus amigos, hacer negocios contigo o incluso darte empleo si administran una compañía o son dueños de un negocio.

Si tienes vibras y sentimientos positivos, podrás persuadir a una persona que se sienta negativa o triste a ser optimista y alegre cuando estés cerca de ellos. Esto produce un efecto de karma en el que todo lo que viene, regresa. Si haces feliz a alguien, esa persona animará a otra persona y así sucesivamente. Esto producirá un efecto dominó hasta que encuentre a muchas personas felices.

Las personas deprimidas o decaídas usualmente se complacen cómodamente gastando solo para sentirse bien. Tal vez sea una solución rápida para que se sienta mejor, pero esto no durará mucho porque simplemente desperdiciará su dinero y terminará con cosas que realmente no necesita después de todo. Si usted es un pensador positivo, es más cuidadoso con sus hábitos de gasto.

Capítulo 5 –Comparando pensamientos positivos y negativos

Si cambia sus pensamientos negativos por positivos, verá que sus percepciones cambian. Cuando tienes pensamientos positivos, verás positividad a cambio. Debido a esto, aprenderá a ser optimista incluso en circunstancias negativas.

Nuestro trato hacia los demás y la forma en que nos desenvolvemos todos los días produce un gran efecto en la forma en que somos vistos y se desenvuelven con nosotros. Si alimentas a un gatito perdido, será agradable contigo. Si en lugar de eso lo pateas, te rasguñará. Esto se debe a que ser positivo y negativo es contagioso. Recuerda que cuando le sonríes a una persona, su reacción será devolverte la sonrisa.

Norman Peale, autor conocido que escribió sobre el pensamiento poderoso, dice que creamos nuestra propia perspectiva de la vida. Nos ponemos tristes debido a nuestros pensamientos infelices y la actitud negativa que mostramos. Si sentimos que algo terrible sucederá o si vemos una situación como mala, nos volveremos miserables y nuestros temores se llevarán a cabo. Nuestra infelicidad irá acompañada de odio y mala voluntad.

Peale aconseja que las personas deben ser felices todos los días y hacer un hábito de ello. Cuando modifiquemos nuestros sentimientos negativos con sentimientos positivos y hagamos un esfuerzo para alegrarnos diariamente, seguiremos siendo optimistas e infectaremos a otras personas con esta actitud positiva. Hay personas que se ven tan afectadas incluso por las cosas pequeñas y que terminan teniendo un mal día.Si haces todo lo posible por ser feliz cada día de tu vida, ignorarás esas pequeñas cosas y te será fácil ver la bondad en cada persona y en cada situación.

Puede ser muy difícil permanecer positivo

incluso en los momentos más difíciles y agitados de nuestras vidas. Pero siempre recuerda que debes tener fe en la forma en que se desarrollan las cosas en tu vida, ya que estas solo son pruebas para fortalecerte. Si te mantienes en el camino de la positividad, te darás cuenta de que todo saldrá bien y que los momentos negativos que encuentres no destruirán tu vida. La positividad y el optimismo definirán tu visión de la vida y de todo tu ser.

Sin embargo, recuerde que hay situaciones en las que un poco de pesimismo defensivo o escepticismo te harán bien. Vale la pena evaluar las cosas primero para que pueda tomar decisiones inteligentes y manejar situaciones con menos ingenuidad. Por ejemplo, si alguien se acerca a usted y le dice que invierta en un negocio en línea que le devolverá su dinero más diez veces su inversión en una semana, sea cauteloso y averigüe cómo funcionará ese esquema. Esto no es ser negativo, es estar atento porque te tienes a ti mismo para protegerte.

Capítulo 6 –Pasando de los pensamientos negativos a los positivos

La depresión brota de pensamientos negativos y, a veces, esto conduce al suicidio. Alrededor de quince millones de adultos en los Estados Unidos dicen sufren depresión. Cuando tienes sentimientos y pensamientos negativos puedes afectar tu estado de bienestar. Hay algunas personas que realmente requieren medicamentos para detener la depresión química por la que están pasando, pero algunas personas todo lo que necesitan es transformar sus pensamientos y sentimientos negativos en positivos.

Para comenzar, captura todos los pensamientos que entren en tu mente. Identifica los negativos de los positivos. Deseche los primeros y dígase que no pertenecen a su mente. Deja que los pensamientos positivos permanezcan y mora en ellos.

Después de tirar un pensamiento negativo,

reemplácelo rápidamente por un pensamiento positivo. Por ejemplo, si se pregunta por qué su ex lo dejó por otra persona, dígase que la persona no es la adecuada para usted y que vendrá alguien digno y mejor. Solo necesitas mantener pensamientos buenos, felices, puros y realistas, y puedes hacerlo mirando las cosas buenas que hay a tu alrededor. Vea la belleza de un árbol cercano, las flores en primavera o la risa mágica de un niño. Abstente de preocuparte por lo que debes beber, comer o usar.

Evita imitar a otros que se preocupan por cosas que no pueden alterar sobre sí mismos. Mírate a ti mismo como una persona única y una creación perfecta de un Ser Supremo. Hay personas que pueden parecerse un poco a ti, tener el tipo de trabajo que tienes o estar en la misma situación en la que te encuentras, pero nadie es exactamente igual a ti. Mira a los demás de la misma manera para que no te compares con ellos.

No olvides tu pasado para poder evaluar lo que has logrado. Edifícate a partir de tus logros anteriores, ya que esto te hará abstenerte de pensar negativamente. Por ejemplo, recuerda un logro del pasado y felicítate, ya que esto te motivará a hacer el bien siempre.

Para convertir los pensamientos negativos en positivos, ofrécete a ayudar a las personas necesitadas. Puedes ser voluntario en tu iglesia cercana y ayudar a alimentar a las personas sin hogar. Cuando pienses en otras personas, no podrás pensar en tus propios males y dolores todo el tiempo.

Capítulo 7 –Ser positivo incluso al estar rodeado de compañeros negativos

Una de las cosas más difíciles de hacer es permanecer positivo con las personas negativas. Seguro te encontrarás con una persona así en tu vida. Aunque tener a un abogado del diablo a veces puede hacer que tengamos un vistazo a la realidad, puede ser agotador estar con personas que siempre se quejan y no tienen nada bueno que decir. Estas personas responden negativamente a todo lo que dices. La buena noticia es que aún puedes ser positivo estando con esas personas y puedes evitar que su negatividad influya en ti. Incluso puedes infectarlos con tu positividad.

Si escuchas se te ha escapado una declaración negativa, no te sientas abatido, solo contrarréstalo con palabras positivas. Puedes tomar represalias pero de manera positiva. Si alguien te dice que tu sueño nunca se cumplirá, dile que eso es verdad si no lo intentas. Esto le hará saber qué harás un esfuerzo para hacer realidad tus sueños sin importar lo que digan.

Pon una sonrisa en tu rostro ya que esto te hará tener una perspectiva positiva. También desalentará a las personas negativas a querer desanimarte. Si frunces el ceño todo el día, darás la bienvenida a la negatividad y te hundirás en situaciones y personas negativas. Pero si sonríes, le damos la bienvenida a la positividad.

Pon en acción esa fuerza positiva al no permitir que las afirmaciones negativas te dominen. Harás poderosas a las personas negativas si se los permites. No dejes que sus afirmaciones te incomoden o te lastimen. Si crees en lo que dicen, les has dado a estas personas el poder de hacerte fracasar. Es tu decisión creer en ti mismo y mantenerte positivo.

Mantente alejado de las personas negativas, ya que simplemente te harán sentir incómodo y decepcionado. Si no tienes más remedio que estar con ellos, inféctalos con tu positividad. Estas personas padecen una baja autoestima, así que demuéstrales cómo tener más confianza. Si los convences para que piensen y actúen como tú, los harás tener una mejor calidad de vida. Te lo agradecerán en el futuro.

Ten fe y confianza en ti mismo siempre porque esto no te hará rendirte a la negatividad. Cree en lo que puedes hacer e inspira a otros a tener este tipo de disposición en la vida.

Capítulo 8 – Entrenando la mente para siempre tener pensamientos positivos

Cuando entrenas la mente para pensar positivamente, podrías aumentar la autoestima y te hará tener el control de tu vida. Cuando sabes cómo funciona la mente y cómo tener continuamente pensamientos positivos puedes desarrollar muchas áreas de tu vida, como la familia, el trabajo y las relaciones sociales. Debes trabajar duro y esforzarte mucho cuando utilizas el pensamiento positivo para mejorar tu vida y luchar y alterar tu estilo de vida y actitud actuales.

Determine los patrones de pensamiento negativos internos utilizados por su mente. Estos patrones son:

Catastrofismo: el acto de predecir lo peor y exagerar los eventos negativos.

Filtrado: El acto de concentrarse únicamente en lo negativo.

Personalización: El acto de culparse a uno

mismo.

Háblatea ti mismo de una manera positiva. Toma un incidente negativo que te haya sucedido en los últimos siete días. En lugar de tener pensamientos negativos sobre ese incidente, piense positivamente. Dígase a sí mismo que ser regañado por su jefe debido a su incapacidad para cumplir con una fecha límite lo hará más atento a la puntualidad. Hable de manera tan positiva cuando esté en una situación negativa, de modo que entrenarás tu mente para tener un patrón de pensamiento positivo.

A lo largo de su día, haga afirmaciones positivas no con el propósito de mentir, sino para animarse. Un ejemplo es: "Perderé peso porque comeré bien y haré ejercicio con regularidad". No diga continuamente cosas que son totalmente imposibles y falsas, como tener el cuerpo de una supermodelo cuando en realidad pesa 200 libras. Eventualmente, te desilusionarás, lo que fortalecerá el pensamiento negativo. Ser positivo no significa ser poco realista.

A lo largo de tu día, haz afirmaciones positivas no con el propósito de mentir, sino para animarte. Un ejemplo es: "Perderé peso porque comeré bien y haré ejercicio con regularidad". No diga continuamente cosas que son totalmente imposibles y falsas, como tener el cuerpo de una supermodelo cuando en realidad pesa 200 libras. Eventualmente, te desilusionarás, lo que fortalecerá el pensamiento negativo. Ser positivo no significa ser poco realista.

Ten un diario donde puedas anotar todos tus pensamientos positivos. Antes de acostarte por la noche, escribe las cosas positivas que te sucedieron en el día. Cuando reconozcas y anotes estas experiencias buenas y positivas, aprovecharás esos patrones de pensamiento y hábitos y eso te capacitará para pensar positivamente.

En el mismo diario, escribe tus metas a corto plazo. No tienes que cumplirlas todas, solo anota las que tienes. Sé agradecido por elles y por las que no cumpliste. Si tienes metas, te da esperanza y un propósito en tu vida. Son estas dos cosas las que te harán vivir feliz y positivamente.

Busque maneras adecuadas para manejar situaciones estresantes, eventos y personas. Puedes ejercitarte regularmente porque esto estimula los químicos del cerebro, como las endorfinas, para aumentar tus niveles de energía y mejorar tu estado de ánimo. Las endorfinas son las hormonas que alivian el dolor del cuerpo y te permiten relajarte. Un estudio en la revista "Medicina Psicosomática" del año 2000 dice que hacer ejercicio media hora tres veces por semana es tan útil como consumir medicamentos recetados para la depresión.

También puedes meditar todos los días, ya que esto despejará tu mente de pensamientos negativos y hará que te relajes. Cuando meditas, refrescas tu cuerpo y mente.

Pasa el rato con personas positivas compuestas de familiares y amigos. Si estás con personas negativas, no apoyarán tus decisiones y pensamientos y solo te harán tener pensamientos negativos. Haz nuevos amigos que sean optimistas y pasa tiempo con personas que te apoyen para que tengas claridad mental en caso de que llegue una situación problemática. "Psicoligy Today" dice que si tienes personas que te alientan y te elevan a menudo, te servirán de amortiguadores contra efectos nocivos contradictorios y frustraciones.

Capítulo 9 – Como traer el pensamiento positivo a la oficina

Pudiste haber experimentado un ambiente negativo en tu lugar de trabajo. Tus compañeros de trabajo te desaniman, los chismes siguen circulando, el jefe te frunce el ceño y demás. Todo esto te desanima y crea negatividad en ti. Puedes utilizar el pensamiento positivo para hacer que el ambiente en la oficina sea más amigable, productivo, energético y constructivo sin molestar a nadie.

Cuando entres a la oficina, saluda a tus compañeros con una sonrisa. Di algo amigable y agradable a todos que vienen por tu camino. Haz que las malas situaciones se conviertan en buenas. Como dice el dicho, "No hay mal que por bien no venga".

Si hassido distante con tus compañeros de oficina, cambia esto haciéndoles un cumplido si han completado una determinada tarea. Expresa gratitud a quienes te facilitaron el trabajo. En menos de un mes, tendrásuna mejor relación con ellos y tu actitud hacia tu trabajo también mejorará.

Se ha dicho en los capítulos anteriores y éste lo repetirá. Manténgase alejado de situaciones negativas. Si no está en buenos términos con un compañero de trabajo, no pierda tiempo pensando en ello. Solo vaya con la persona y habla de tus sentimientos. Si ambos no pueden resolver el problema, solicite la ayuda de un supervisor. No debes aguantarlo que sientes y luego preocuparte por ello.

Si hay un compañero de trabajo que siempre desanima a todos, tómate un tiempo para conocer a la persona. Puede que tenga problemas personales que no puede manejar, por lo que losaca con otras personas. Se positivo con la persona, incluso si continuamente se vuelve negativo. Tarde o temprano puedes influir en sus puntos de vista y pensamientos y pueden terminar convirtiéndose en amigos. Él puede cambiar y hacerse amigo de todos también.

Siempre ve algo bueno en tus compañeros. Busca las cualidades que disfrutas de ellos. Aprende como estar con su compañía porque solo así podrán seguir siendo positivos con respecto a su trabajo.

Si un compañero de trabajo no está teniendo un buen día, sea sensible y comprensivo. No vaya con la persona a darle una lección acerca de cómo pensar positivamente, ya que esto puede alejarte de él y de otras personas. Solo porque seas un pensador positivo no significa que debas ser insensible.

Si usted y sus compañeros de trabajo se reunieron, y la conversación se torna negativa, discúlpate cortésmente. Si comienzan a chismear sobre otras personas, intenta cambiar el tema tan cortésmente como puedas. Tal charla solo te hará recibir pensamientos negativos.

En lugar de hablar de rumores o escuchar cotilleos de oficina, busca oportunidades para convertirte en un mejor empleado. Ofrécete como voluntario para hacer una presentación en Power Point para mejorar tus habilidades informáticas. Estate abierto a nuevas experiencias e ideas para convertirte en un trabajador completo. Serás más elegible para promociones de oficina, becas, capacitaciones y otras oportunidades de empleo.

También encuentra oportunidades para divertirte. Cuando estés disfrutando del día, el tiempo volará rápido. Una forma de hacer esto es compartir chistes con tus compañeros de trabajo durante el almuerzo o los descansos para tomar un café.

Anticipe cosas buenas y mejores para que sucedan en el presente y el futuro en términos de su carrera. Esperar cosas buenas las hará realidad. No se avergüence de contarles a sus oficiales sus expectativas, incluso si piensan que están soñando con lo imposible. Disfruta de ser positivo todos los días porque este día nunca volverá.

Capítulo 10 –El pensamiento positivo te da tus deseos

Has oído hablar del dicho: "la vida es lo que tú haces". Aunque existe el concepto de destino que configura nuestras vidas por nosotros, nuestras decisiones todavía afectan nuestro destino. Cuando piensas siempre en pensamientos positivos, tendrás el tipo de vida que deseas porque estás inspirado y optimista sobre todo.

Para prepararte para el tipo de futuro que deseas, debes decidir que tu día será bueno en el momento en que te despiertes por la mañana. Elije tener buenos pensamientos y sepa que lograrás más en la vida a través del pensamiento positivo. Se dice que las personas son tan alegres como quieren estar según Abraham Lincoln. Si planeas reunirte con tus amigos de la universidad después del horario de oficina y decides divertirte con ellos, no permitirás que nadie ni nada en el trabajo afecte tu estado de ánimo. Al saber que te divertirás una vez que el reloj marque las 5:00 p.m., te volverás más alegre, enérgico y productivo porque estás motivado por un pensamiento positivo. Ahora imagínate teniendo pensamientos positivos diariamente. Esto se traducirá en un desarrollo personal que beneficiará tu vida personal y profesional, así como tus relaciones sociales.

Una vez que tienes fe y creencia, puedes lograr cualquier cosa.
Intenta levantarte de la cama quince minutos antes de la hora habitual en la mañana. Pasa estos minutos para decidir tener un gran día. Detente en eventos positivos, experiencias, actividades y logros en tu vida. Una vez que un pensamiento negativo se arrastra en tu mente en algún momento de tu día, detente y tómate un tiempo para cambiar tus pensamientos negativos a sucesos positivos placenteros.
Escribe en una lista todas las cosas que deseas y valoras en la vida. Necesitas saber lo que realmente quieres si quieres lograr más en tu vida. Si deseas compartir

esta lista con un amigo cercano para motivarlo a tener pensamientos positivos continuamente, puedes hacerlo. También puedes guardarte esto para ti. Lo más importante es que deseas lograr todas esas cosas enumeradas abajo. Asegúrate de que tus sentimientos, pensamientos y experiencias positivas no terminen, de modo que te sientas inspirado para hacer realidad todos sus sueños. Solo sigue enfocándote en tus maravillosas y alegres experiencias para que pensamientos más positivos lleguen a tu mente.

Eres humano pero te permites cometer errores. Hay veces en que te vuelves menos optimista y positivo, pero asegúrate de que hay razones para eso. Si uno o dos de tus objetivos no se hacen realidad, permítete sentirte frustrado y desilusionado por un tiempo. Una vez que te vuelvas más centrado emocionalmente y sientas que regresa la positividad, dile al mundo que siempre puedes volver a intentarlo o que te pasarán cosas mejores. Antes de que te des cuenta, tus deseos se harán realidad. Tienes que mostrar al mundo tus pensamientos positivos para que te los transmita a través de experiencias positivas.

La frase "pensar en positivo" es otro dicho que ya ha escuchado antes. Puede ser fácil decir estas dos palabras, pero la mayoría de las veces, puede ser difícil de hacer, especialmente durante circunstancias negativas. La clave es nunca rendirse. Antes, solo tenías pensamientos aleatorios fugaces de lo que querías de la vida, pero en este momento, ya tienes una lista tangible que contiene todos ellos. Puede que solo sea un pedazo de papel con palabras en él, pero usted hizo un esfuerzo en esa lista. Lo motivará a realizar acciones diarias que harán que todos esos deseos y deseos suyos se hagan realidad. El pensamiento positivo te da ese poder personal para administrar y dirigir tu futuro. Piénsalo de esa manera y sentirás que ya tienes el control de tu vida.

Capítulo 11 –El pensamiento positivo puede hacerte rico

Muchas personas ricas pueden dar fe del poder del pensamiento positivo porque esto les ha ayudado a adquirir su riqueza. Sin embargo, afirman que no se trata solo de tener pensamientos positivos, sino que también tienes que esforzarte para tener una mentalidad positiva que te ayude a ganar dinero y lograr todos tus objetivos. Cuando aprendas a adquirir libertad financiera con pensamientos positivos y trabajas duro para lograrlo, podrás cambiar tu vida.

Debe ser consciente de lo que realmente quiere cuando intenta alcanzar sus metas. Imagínate tomar un viaje por carretera sin un mapa. Seguramente se perderá y no llegará a su destino. Esto puede ser divertido para los buscadores de aventuras a quienes no les importa el camino que los lleve, pero si usted es el tipo de persona que quiere tener el control total de su vida, debe conocer su destino.

Si quieres dinero, tienes que pedirlo.

Puedes hacerlo a través de la meditación, orando o gritándole al cielo en una noche oscura. Existe la teoría de que el universo no conocerá los deseos de tu corazón si no lo vocalizas. Solo asegúrese de que tu solicitud sea razonable y no poco realista. Tienes que creer que obtendrás dinero porque si no, definitivamente no lo tendrás. Son tus pensamientos los que impulsan tal petición.

Cuando pidas, tienes que ser específico. No es suficiente que continuamente pienses que quieres dinero. Tienes que decir cuánto quieres. Podría ser de $ 1,000, $ 10,000, $ 100,000 o $ 1,000,000. También especifique si lo desea de una vez o cada año hasta que alcance la cantidad deseada. Necesitas dar los detalles.

Lo siguiente que debes hacer es actuar como si ya tuvieras tu dinero. Para que las actividades de pensamiento positivo sean más poderosas, debes hacerlo con concentración. Tómate una foto de ti mismo con el dinero e incluye emociones a tu visualización. Por ejemplo, actúa como te sentirías si tuvieras el dinero, porque cuanto más real sea la visualización, más efectiva será esta actividad. Además de pensar en la cantidad de dinero que deseas, piensa en las cosas que comprarás con él o en el tipo de mejora que tendrá tu vida. Visualiza tu automóvil deseado, casa, electrodomésticos y posesiones. También puedes recortar imágenes de lo que quieras en revistas coloridas y luego colgarlas donde las veas. Estas imágenes te inspirarán, te alentarán y te recordarán tu objetivo de ganar mucho dinero con el acto del pensamiento positivo.

Después de preguntar y visualizar, debes actuar ahora para obtener lo que deseas. Una vez que veas oportunidades que te harán tener la cantidad de dinero que deseas, aprovéchalas. Si crees que obtendrás el dinero a través de la lotería, compra un boleto de lotería. Si no ganas, estate abierto a otras posibilidades porque puedes estar mirando en la dirección equivocada. Lo que puedes necesitar es buscar un trabajo mejor pagado o una oportunidad de negocio. El dinero se puede hacer de mil maneras, así que sigue buscando esa oportunidad.

Destruirás todos tus esfuerzos si piensas en pensamientos negativos, como la dificultad de buscar dinero. Estos pensamientos solo atraerán situaciones donde tus temores cobrarán vida. Esto hará que sea mucho más difícil para ti alcanzar tus metas y sueños financieros. Desecha tus preocupaciones y concéntrate en trabajar para lograr lo que deseas.

Siempre usa afirmaciones positivas cuando quiera atraer dinero para alterar su mentalidad y comenzar a pensar en positivo que en negativo. Revisa tus pensamientos para saber si están ayudando o destruyendo sus esfuerzos para hacer dinero y luego haz los cambios necesarios. Algunas afirmaciones positivas que puedes hacer son:

El dinero se derramará sobre mí de la misma manera que la lluvia cae en un día lluvioso.

Soy digno de ser rico y no solo lo usaré en mí mismo sino también en mi familia,

amigos y necesitados.
Seré rico lo más pronto posible.
Si crees que serás rico, entonces lo serás.

Capítulo 12 –Ejercicios mentales para pensar positivo

El pensamiento positivo no viene naturalmente porque necesitas cultivar eso. La forma en que pensamos se ha mejorado a través de los años y este es el producto de nuestras muchas experiencias. Si lo que hemos pasado nos hace tener una actitud negativa o pesimista, ten por seguro que esto se puede superar con el uso de entrenamientos mentales para entrenar tu mente para que piense positivamente.

Para el autodesarrollo, absténgase de usar patrones negativos cuando hable. Expresar expresiones positivas como "puedo" en lugar de "no puedo". Repítase continuamente un lema afirmativo como "soy feliz" o "soy valioso". Haga un lugar feliz en la mente que solo debe estar lleno de pensamientos positivos. Ve a esta área cuando los pensamientos negativos entren en tu mente.

Para un mayor desarrollo personal, ten fe en que puedes triunfar. Si fallas, analiza lo que pasó y ve esto como una experiencia de aprendizaje. El pasado puede enseñarte muchas lecciones y, cuando cometas errores, perdónate siempre para que puedas seguir adelante. Si encuentra cosas malas, tenga en cuenta que podrían ser peores, así que esté agradecido de no ser así. Si haces todas estas cosas, desarrollarás un hábito de pensamiento positivo.

En tu lugar de trabajo, coloca imágenes positivas que puedas ver cuando te sientas estresado. Como se dijo en el Capítulo 9, ofrece comentarios agradables y constructivos a tus oficiales. Si tu jefe te dice que hagas un proyecto, visualiza un resultado exitoso. También ten un diario en tu oficina donde puedas anotar tus pensamientos negativos y positivos. Esto te permitirá ver si posees un patrón de pensamiento negativo que deberías romper. Concéntrate en buscar oportunidades de superación personal. Si experimentas un contratiempo, evalúalo y conviértelo en una oportunidad para hacerlo mejor. Solo ten fe en ti mismo así como en tu habilidad. Puedes meditar durante tu hora de almuerzo y permitir que tu mente esté libre de pensamientos.

Para tener una buena vida social, lee libros que te inspirarán a tener una perspectiva positiva. Controla tus pensamientos y si se vuelven negativos, ve a ese lugar feliz en tu cerebro para encender el pensamiento positivo. No dejes que las pequeñas cosas negativas te molesten, solo concéntrate en el panorama general. Recuerda constantemente las cosas por las que debes estar agradecido. Concéntrate en lo que está bien en tu vida y no en lo que está mal. Si tiene una perspectiva positiva en la vida, la gente siempre querrá estar con usted.

Capítulo 13 – Actividades y juegos para el pensamiento positivo

Ahora que has aprendido a hacer un seguimiento de tus pensamientos, identificar los negativos y apartarlos de tu mente. Se le informó cómo reemplazar el pensamiento negativo por el positivo para aumentar tu felicidad general y tu salud mental. Hay juegos para el pensamiento positivo que también harán que tengas una buena sensación de bienestar una vez que estés al mando de tus pensamientos. Si practicas estas actividades, te será más fácil pensar positivamente e internalizar tus beneficios.

Escríbete a ti mismo un elogio incluso si crees que esto es mórbido. El propósito de esta actividad es descubrir cuáles son tus fortalezas. Podrá retroceder en el tiempo y revisar tus logros, logros, cualidades y rasgos positivos y éxitos. Cuando escribes tu elogio, reconoces y celebras tu vida y te sentirás bien contigo mismo.

Otro juego de pensamiento positivo que puedes hacer es el llamado Afirmación de

Grupo, este necesita más de un participante. El juego comienza con un miembro que expresa una opinión. En lugar de refutar esta opinión, los otros la apoyarán y desarrollarán. El miembro que dio la opinión se sentirá valorado y apoyado porque otros lo escuchan. El propósito del juego es transformar los pensamientos negativos en positivos.

Otro juego de grupo es el Círculo de Cumplimiento donde los miembros se reunirán en un círculo. Un miembro comenzará felicitando al miembro a su izquierda. Esta persona debe dar un cumplidoal miembro a su izquierda y así sucesivamente. Las posiciones se pueden cambiar para que todos reciban al menos un cumplido de cada miembro. Todos se sentirán bien después.

La actividad llamada Fuerza de voluntad se puede hacer sola o con otras personas. Comienzas diciendo en voz alta las cosas que se pueden hacer. Se pueden decir afirmaciones positivas como "Puedo bajar de peso". Si haces esto en un grupo, todos los participantes deberían soltar sus propias afirmaciones positivas.

Por último, aprender a reír todos los días. Encuentra el humor incluso en las cosas más simples con el propósito de divertirte. Cuando te ríes, esto eleva el ánimo. Si tienes pensamientos negativos, mira una película divertida o lee un libro divertido. Según estudios médicos, la risa minimizará el estrés. Un estudio realizado recientemente mostró que las personas que se reían durante quince minutos diarios durante tres semanas aumentaban sus emociones positivas y optimismo.

Entonces, si alguna vez te sientes deprimido y comienzas a pensar y actuar negativamente, haz cualquiera de estos juegos para reforzar el pensamiento positivo una vez más.

Conclusión

¡Gracias de nuevo por descargar este libro! Espero que este libro haya podido ayudarlo a desarrollar pensamientos positivos y eliminar pensamientos y actitudes negativas de su sistema.

El siguiente paso es seguir todas las sugerencias que ofrece este libro para que tenga una vida feliz, abundante y rica, el tipo de vida que siempre ha querido tener.

¡Gracias y buena suerte!

www.ingramcontent.com/pod-product-compliance
Lightning Source LLC
Chambersburg PA
CBHW071911070526
44583CB00016B/1944